"一带一路"这五年的故事

政策沟通
国际合作引擎

刘伟 主编

导言

东非之角上的国家吉布提，拥有世界上最奇妙的自然景观之一——阿萨尔湖。在阿拉伯语中，它的意思是"蜂蜜之湖"。阿萨尔湖一半是洁净如洗的白色盐田，一半是碧绿如翡翠的广阔盐湖。对于当地居民阿法尔人来说，这是圣地：没有盐湖，就没有阿法尔人。但是，阿法尔人坐在金山上，却无法将这些财富兑现。早些年的掠夺式开采让这里不断衰败，许多年轻人都离开了家乡到城里打工。

但是现在，"一带一路"倡议给这里带去了新面貌。"我们一直贫穷，从殖民者到西方企业，都没有改变这里落后的面貌。直到中国公司来到这里投资，建设公路、码头、工厂，让阿萨尔湖地区有了巨大的变化。"阿萨尔湖大巴村的首长盖莱说。中国人来建厂投资，给年轻人提供了众多的工作机会，生活条件得到了改善，甚至以前搬走的村民，现在也纷纷搬回来。很多村民到中企工作后，学会了电焊、钳工等技术，有了一技之长，他们对自己未来的职业生涯更有信心了。

在这五年的时间里，中国人和阿法尔人一起合作，努力使曾经的盐碱滩逐渐转化为蓬勃发展的工业区与旅游胜地。而正在进行的阿萨尔盐湖溴化钠项目，将对吉布提的产业结构产生重要影响。

"一带一路"这份"中国方案"提出五年来，已结出累累硕果，遍布全球的"朋友圈"逐渐形成。五年来，通过高层引领对接，中国与"一带一路"沿线国家和地区积极利用现有机制的同时不断创新，有力推动了区域内和跨区域合作，形成从官方到民间的多层次合作网络。截至2018年底，中国已累计同122个国家、29个国际组织签署了170份政府间共建"一带一路"合作文件。"一带一路"几乎已成为所有中外双边会谈、多边合作场合必谈的话题，也成为中国外交理念与政策阐释中必谈的内容。五年来，"一带一路"在中国国内基本的制度构建工作已完成，为下一步更扎实地推进"一带一路"建设打下了坚实基础。

展望未来，"一带一路"国际合作在现有框架下蓬勃发展，将迎来辉煌的共享成果。"一带一路"建设是一项伟大的历史工程，站在新的阶段，需要以持久战的心态和干劲，扬帆续航，推进"一带一路"建设取得新突破。习近平主席提出的"一带一路"倡议，已经成为规模最大的国际合作平台，表明中国持续推进"一带一路"建设的决心与耐心。

目 录

一、"一带一路"的五年足迹　　　　7
1. 结伴前行，共享发展红利
2. 深化开放，扩展全球市场

二、中国的和平诚意　　　　19
1. 在合作中发展，在发展中共赢
2. 完善政策体系，树立良好形象

三、勾勒多边主义的长远蓝图　　　　29
1. 正确理解"一带一路"，坚持共商共建共享
2. 推动构建人类命运共同体，完善全球治理体系

"一带一路"的五年足迹

1. 结伴前行，共享发展红利

（1）共享经济全球化成果

2017年5月，首届"一带一路"国际合作高峰论坛期间，有一位60多岁的中国人，如辛勤的园丁般日夜操劳，他就是中国国家主席习近平。如此大的工作量，他并没有说起过，也没有表现在脸上，他只是微笑着与所有人交流，在他看来，这是伟大的事业，是全人类的事业。

"当今世界正在经历新一轮大发展大变革大调整，各国经济社会发展联系日益密切，全球治理体系和国际秩序变革加速推进。同时，世界经济深刻调整，保护主义、单边主义抬头，经济全球化遭遇波折，多边主义和自由贸易体制受到冲击，不稳定不确定因素依然很多，风险挑战加剧。"习近平主席在首届中国国际进口博览会开幕式上的主旨演讲总结了当今世界经济的形势，并为处在十字路口的世界经济指明了方向，"我们从纷繁复杂的局势中把握规律、认清大势，坚定开放合作信心，共同应对风险挑战"。

当前，经济全球化遭遇逆流，但经济全球化的大方向是正确的。世界需要全球化，新兴市场和发展中国家更需要全球化。经济全球化朝着更加开放、包容、普惠、平衡、共赢的方向发展，才能更多地释放经济全球化的正面效应，让各国人民共享经济全球化的成果。

让各国人民共享经济全球化的成果，这是习近平主席所一直追求和践行的。2017年6月，习近平主席访问哈萨克斯坦时，向哈萨克斯坦人民充分介绍了"一带一路"倡议。哈萨克斯坦是连接中国与中亚各国的重要桥梁，习近平主席希望通过"一带一路"给两国带来巨大的发展。在哈期间，他发表了重要的演讲，走访了一些地区，认真听取了对方的意见，表达了中国的诚意，并且签署了相关的合作协议，以实实在在的工程项目给当地人带去好处。

2018年是中哈建交26周年，也是"一带一路"倡议提出五周年，中哈两国依旧保持着密切的合作。中哈物流基地国际部经理别杰洛夫称赞习主席是一位"高超的指挥家"，在"一带一路"的帮助下，哈萨克斯坦的小麦拥有了更大的市场。在塔吉克斯坦，一位生活在沙赫里斯坦的老人，步行一周到达首都杜尚别，在总统府大门口等候几天，执意要见到总统。待得到总统的接见时，老人双膝跪下，说了这样一段话:"感谢你为我们老百姓修通了塔乌公路,我是步行走过来的,这辈子能走这么好的路知足了。"总统非常感动,当即要求工作人员记录这件事并转告中国政府和建设方。

大雁就是结伴成群,以应对复杂恶劣的天气环境。像大雁一样,各个国家在面对纷繁复杂的经济政治形势时,也应建立更紧密的合作关系,形成更有效的应对机制。

(2)汇集力量应对挑战

当今世界需要的正是集合彼此的力量一起应对挑战。在全球性挑战此起彼伏的今天,仅凭单个国家的力量难以独善其身,也无法解决世界面临的问题。2017年,中国对"一带一路"国家的进出口总额达到14403.2亿美元,占中国进出口贸易总额的36.2%;对"一带一路"沿线国家投资143.6亿美元,占同期中国对外投资总额的12%。尤其是在整个中企海外并购项目数量下滑的大背景下,中国对"一带一路"沿线国家并购投资额度实现了超过30%的增长。在当前全球经济下行风险巨大、贸易保护主义抬头、经济增长缺乏新动能的严峻形势下,"一带一路"合作让许多国家一起凝心聚力,积极的经济合作使得各国像大雁一样结伴，扛过经济寒冬。

马达加斯加前总统埃里高度赞扬"一带一路"倡议，并表示，中国是马达加斯加和非洲的重要合作伙伴。马达加斯加对中国的发展成就深感钦佩，愿发挥连接非洲和中国的桥梁作用，通过深化马中合作助力马达加斯加经济社会发展，促进包括马达加斯加在内的非洲实现工业化。由此可见，加强国家之间的合作，像大雁一般携手渡过难关，是很多国家的期待。

随着全球化的推进，当今世界经济的主角不再是某个国家或者某几个国家，而是紧密相连的世界各国。美国班尼迪克大学教授威廉·卡罗尔认为，在21世纪，没有一个国家能够完全自给自足。相互借鉴、互通有无，有利于提高人民福祉，有利于国家整体经济升级。自2013年西安—哈萨克斯坦国际货运班列开启以来，中欧班列便搭建起了"一带一路"沿线国家合作的新桥梁。五年来，随着"一带一路"建设的不断深入，中欧班列开行列数实现"井喷式"增长，五年间发送量增长300倍，逐渐成长为中国开行频次最稳定、线路最密集、重载率最高的班列。"一带一路"沿线40多个国家的生活用品、家居用品、保健品、食品、母婴用品等几千种商品，通过中欧班列直接送达中国境内。"一带一路"惠及沿路国家贸易投资的同时，更让中国的百姓能够有机会直接使用各国的产品，大幅提升了居民福祉。

（3）凝聚付出，实现互惠共赢

但是这些成果的背后却需要无数人的付出。胡俊是中欧班列上一名普通的工作人员，他是中国铁路上海局集团有限公司金华车务段义乌西站调车长，负责调度工作。调车作业都在室外，调车长是铁路运输中最辛苦、风险最大的工种之一。夏天，室外热浪翻滚，线路、钢轨和车体温度超过50℃；冬天则天寒地冻，滴水成冰。而自从中欧班列开通之日起，胡俊便和他的同事们无论在什么样的环境下，都一起坚守岗位，确保调车作业安全正点完成。

薛彪是中国建筑承建的科威特大学城附属设施项目的一名普通的工作人员。在科威特承办项目时期，他们遭遇了巨大的挑战，不仅当地气温过高，给施工带来严重的困难，沙漠的土质也阻碍了施工的进行。为了解决气温问题，他们被迫更改工作时间，实施夜间施工。这不仅仅是工作人员作息时间的改变，对施工也提出了更高的标准。而为了解决沙漠土地地基承载不足的问题，他们换土施工。薛彪和他的同事迎难而上，解决了一个个难题，也因此两年没有回家过年。但是他们的付出没有白费，到目前为止项目履约情况良好，有望2019年底竣工。届时，一栋栋教学楼、图书馆、学生宿舍将在这片沙漠上拔地而起，科威特的学子们将会迎来更加先进的教育设施和学习资源。作为科威特国家战略投资项目，科威特大学城建成后将成为世界上最大的大学之一。而在世界的许多其他地方，一个接一个的项目正在落地生根，蓬勃发展。

在实现中国繁荣发展的同时促进全球经济的增长，实现互惠共荣，"一带一路"倡议正是共同繁荣发展的蓝图。各个国家就像邻居一样，应该互相帮助互通有无，"一带一路"倡议各方坚持共商共建共享原则，携手应对世界经济面临的挑战，开创发展新机遇，谋求发展新动力，拓展互利合作空间，实现优势互补、互利共赢，为亚洲和世界发展指明了方向，为世界经济注入了正能量。

从北京APEC会议到杭州G20峰会，从

达沃斯经济论坛到联合国日内瓦总部,习近平主席都通过讲话向世界展示了中国的诚意:"我提出'一带一路'倡议,旨在同沿线各国分享中国发展机遇,实现共同繁荣。"一个人可能会走得很快,但是想走得远,还是需要伙伴,需要相互扶持和帮助。中国愿意继承和发扬丝绸之路精神,把中国梦同沿线各国人民的梦想结合起来,以自身发展为契机,通过"一带一路"倡议让更多国家搭上中国发展的"快车"与"便车",释放各国发展潜力,从而实现共同发展、共同繁荣。

五年来,"一带一路"建设持续深入,在各方的共同努力下,各种大型基础设施建设成绩斐然,直接带动了沿线国家的经济需求和当地就业。匈塞铁路项目塞尔维亚境内段、巴基斯坦卡西姆港燃煤电站首台机组、希腊比雷埃夫斯港汽车码头、阿富汗国家职业技术学院大楼都表明"一带一路"合作是真正惠及各国经济发展的,是真正释放一国市场需求的,是真正实现互利共赢的。

2. 深化开放,扩展全球市场

改革开放 40 年来,中国始终坚持对外开放基本国策，敞开胸襟、拥抱世界。如今，中国已经高度融入世界经济。中国用几十年的时间走过了西方发达国家几百年走过的现代化历程，实现了从落后到大踏步赶上的历史性跨越，成为世界经济增长的主要动力源。

乌兹别克斯坦世界经济和外交大学现代冲突和安全研究室主任乌卢格别克·哈桑诺夫认为，中国取得的辉煌成就证明，在经济全球化的大背景下，只有以更加开放、包容的姿态，主动融入世界经济进程，积极寻找适合自身发展需要的开放型经济模式，才能适应形势，取得成功。

中国开放的大门不会关闭，只会越开越大，会推动更高水平的开放。从博鳌亚洲论坛年会到中国国际进口博览会，习近平主席用不同的话语阐述了中国坚持推动对外开放的决心。以海南省为例，近年来，受益于"一带一路"，海南省港口班轮航线布局不断优化，全省已形成覆盖全国沿海各主要港口的内贸航线网络及连接东南亚、辐射亚欧的外贸航线布局。

国际金融论坛（IFF）联合主席、巴基斯坦前总理阿齐兹表示非常支持"一带一路"倡议，它提供了很多的机会，要去理解这样的机会。

过去40年中国经济发展是在开放条件下取得的,未来中国经济实现高质量发展也必须在更加开放的条件下进行。中国始终坚持对外开放的基本国策,中共十八大以来,中国推动新一轮高水平对外开放,推动形成全面开放新格局。"一带一路"倡议作为中国新一轮对外开放的核心,将有利于中国实现"引进来"和"走出去"双向开放的平衡,构建全方位开放新格局,促进全面深化改革的推进,促进中国经济的持续发展,提升国际竞争力。在当前保护主义、单边主义势力抬头的国际环境下,推进"一带一路"建设既是中国扩大和深化对外开放促进自身发展的需要,也是加强和世界各国互利合作的需要。IFF联合主席、欧盟委员会前主席、葡萄牙前总理巴罗佐指出,世界此时正处于一个特别的时刻,过去的机制已经失灵,新的秩序还没到来,"目前对于全球增长最大的风险是没有明确可预见的规则,不确定性已经在催生企业界和投资界的疑虑,这可能会带来更多风险的增长"。

"在2014年我离开欧盟委员会之前,我曾多次参与G20峰会。G20的平台在金融危机和应对贸易保护主义抬头有着非常重要的作用,

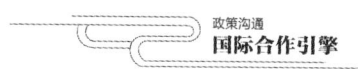

正是因为有各国的领袖的合作、有很多愿意分享的专家,大家一起努力才阻止了贸易保护主义的抬头。"巴罗佐表示。中国作为世界第二大经济体和世界各国的主要市场之一,将继续坚定不移坚持对外开放国策,推进"一带一路"倡议,与他国互通有无、合作共赢,为世界经济提供发展契机。

中国的和平诚意

1. 在合作中发展，在发展中共赢

拉巴·蒂亚姆是一名塞内加尔的女职员。在加入中塞合作项目之前，她没有全职的工作，也没有稳定的收入，只能依靠家人过着节俭的生活。而在中塞合作修建捷斯—图巴高速路之后，她在中国路桥找到了一份工作，开始独立生活，并且能够养活自己，不再依靠父母，真正成为一个独立的坚强个体。蒂亚姆希望有更多塞内加尔女性加入公司，并用自己的力量争取女性在社会上与男性同等的地位。

"一带一路"给沿线的许多国家带来了大量的工作机会，而这些往往会促进这个国家的社会和文化发展。五年来，随着中国向"一带一路"沿线国家和地区热情地抛出了橄榄枝，一个个合作协议应时而生，一项项重大合作项目遍地开花，中国以倡议者和实践者的形象活跃在"一带一路"的舞台上，与世界各国共同奏响了新时代的交响曲。

只要国家之间有着相近的愿望和发展战略，即便地理位置相差很远，也可以达成有效长远的合作。随着越来越多项目落地，国际上对"一带一路"的认识日渐清晰，联结遍布全球的

"朋友圈"逐渐形成。

但是中国加强与其他国家、地区合作的道路并不是一帆风顺的。中国国家主席习近平与俄罗斯总统普京早在2015年5月便签署了《中华人民共和国与俄罗斯联邦关于丝绸之路经济带建设与欧亚经济联盟建设对接合作的联合声明》,但是直到2017年10月1日双方才共同签署了《关于实质性结束中国与欧亚经济联盟经贸合作协议谈判的联合声明》。其实,2016年6月25日,商务部与欧亚经济委员会便开始正式启动经贸合作协议谈判。而协议历经五轮谈判、三次工作组会和两次部长级磋商,过程十分艰难,才达成了相关的协议。

中国高度重视《区域全面经济伙伴关系协定》的谈判,到现在为止,已经进行了24轮谈判,规则领域完成了七个章节,谈判过程十分艰难,但是中国依旧希望在2019年底努力达成协定。齐心聚力的国家越多,一起合作所产生的力量就越大,效果也就越好。围绕"一带一路"倡议,中国在多边合作领域也取得了重要进展。谋划利益不能只考虑本国,而应该考虑各个国家整体的利益,"一带一路"是中国为世界发展主动插上的翅膀。习近平主席在各大重要国际平台发出"一带一路"倡议,重申扩大开放、合作共赢的理念,得到了相关国家和国际机构的热情回应。在 G20 杭州峰会上,中国作为主席国积极推动与其他 G20 成员在中东问题、中亚问题、气候问题等领域对接合作的可能性。在"一带一路"倡议下,中国与东盟国家共建自由贸易区,通过关税减让、取消非关税壁垒等措施扩大金融、旅游、投资、农业等领域的合作。就像大海一样,能如此广阔,不是单靠一朝一夕的流水就能形成,而是要靠持续上亿年的水流作用形成。在深化多边合作的过程中,中国和各方参与国的"朋友圈"和合作范围持续扩大。2017 年,中国新签署约 50 份"一带一路"框架下的合作协议,占五年来已签署协议总数的近一半。新签协议涉及新增国际组织约 20 个,与国际多边组织对接明显加强;涉及新增沿线国家 20 余个,主要分布在中东欧、非洲及东南亚地区,截至 2018 年已基本实现中东欧地区全覆盖。从北欧到拉美,从亚太到南太,多个国家和组织纷纷响应,积极加入"一带一路",共享互联互通、贸易开放的成果。

在公共外交方面,中国与"一带一路"沿

线国家和地区通过建立语言、教育、旅游、民间文化等交往渠道，开展形式多样的交流合作，增进沿线人民的相互理解，为共建"一带一路"不断营造民意基础。在"一带一路"倡议的推动下，沿线一些国家和地区兴起了"汉语热"，汉语作为跨文化交流的纽带，为"一带一路"建设画龙点睛。

林金丽出生于柬埔寨的一个知识分子家庭，从小耳濡目染，学习成绩一直名列前茅。但是初二时的一场重疾让她被迫休学，而且时间长达5年。虽然后来病情有所好转，但家里也因为给她治病而陷入贫困。村子里有人在投资建厂给了林金丽机会，在父亲的建议下，她选择到乡里的华校小学学习汉语。从华校小学，到远近闻名的金边端华学校，再到金边皇家大学中文系，对汉语的喜爱让她的学习成为一种乐趣、一份自信、一片希望。由于成绩优异，林金丽作为交换生到中国学习。两年间，她学到更多，也想到更多。何不让更多的柬埔寨同胞有机会学习汉语、了解中国，改变命运？学成归国后，林金丽在家乡办了一所"培德汉语学校"。当年曾品味绝望的小姑娘，如今成了校长，在150多位学员面前绽放自信的微笑。

2. 完善政策体系，树立良好形象

构筑"一带一路"国际合作，从国际上看，是以国家高层互访为引领，形成深化合作的第一推动力，进而广泛开展包括部门合作、地方合作在内的多层次、多渠道政府间合作；从中国国内看，"一带一路"倡议提出五年来，中央、各部委和地方的三层互动式国内政策体系日趋完善。

高层访问为共建"一带一路"提供了强大的政治推动力，得到了相关国家和国际组织的积极回应，形成了包括凝聚合作共识、签署合作协议、推动重大项目建设、扩大各领域交流合作在内的一系列丰硕成果。

《推动共建丝绸之路经济带和21世纪海上丝绸之路的愿景与行动》文件发布后，中国各省区市及部委均完成了"一带一路"建设的政策对接与落实工作。"一带一路"创建了国内外从政府到企业的全方位的立体合作模式，和平合作、开放包容、互学互鉴、互利共赢的丝路精神和核心理念已凝聚成为国际、国内社会的一项重要共识。

2017年，从瑞士到美国，从芬兰到哈萨克斯坦……习近平主席出访的足迹到达了世界多个角落。从出席世界经济论坛 2017 年年会到上海合作组织成员国元首理事会第十七次会议等国际会议，习近平主席总是在各个重要的论坛会议上发出来自中国热情友好的邀请。"一带一路"国际合作高峰论坛期间，来自 29 个国家的国家元首、政府首脑与会，来自 130 多个国家和 70 多个国际组织的 1500 多名代表参会，覆盖了五大洲各大区域。通过高峰论坛各国之间形成了共 5 大类、76 大项、270 多项的成果清单。

峰会中，中国发布《共建"一带一路"：理念、实践与中国的贡献》政府白皮书，展示了"一带一路"建设以来的成绩，以期增进国际社会对"一带一路"倡议的进一步了解，并进一步表达了中国的决心，中国希望增进各国战略互信和对话合作，为携手打造你中有我、我中有你的人类命运共同体做出新的更大贡献。评价一个倡议，应该看的是全世界的反应。自 2013 年"一带一路"倡议提出以来，越来越多的国家和国际组织积极响应该倡议。从最初的中亚、东南亚等周边国家，扩展到澳洲、欧洲、非洲、美洲等各个大洲，初步形成了覆盖亚、欧、非、拉四大洲的国际产能合作格局，形成了新的区域经济贸易格局。

乌拉圭的清晨,蒙得维的亚青年驾驶着中国制造的汽车出门上班时,地球另一端,北京的白领下班回家准备用刚买的智利三文鱼做晚餐。随着"一带一路"合作的推进,拉美和加勒比地区越来越多的国家成为"一带一路"合作的重要参与方。乌拉圭外长鲁道夫·尼恩·诺沃亚此前曾表示,"一带一路"倡议不仅有效促进基础设施互联互通,同时还将促进民间文化交流,推动民心相通,"'一带一路'倡议中,基础设施建设是重大支柱。而我们在基础设施方面有重大欠缺,这限制了我们地区的一体化及国际竞争力。所以'一带一路'合作为各国加强联系提供了很大平台,可以产生协同效应,增加基础设施的互联互通、贸易的便利化、金融领域的合作以及各国人民间的相互了解、文化交流和增进友谊"。

埃及专家易卜拉欣·赫伊塔尼认为,中国对阿拉伯国家投资尤其在近年来取得长足的发展,中方提出的"一带一路"倡议为中东国家经济提供了难得的发展机遇。赫伊塔尼说:"首先,大型国家项目在两国政府的推动下不断取得进展;各国中小规模的企业也可以搭上'一带一路'建设的'顺风车'——中国在这一过程中给中东国家输送了先进技术，有助于阿拉伯国家的工业实现跨越发展。中国提出的'一带一路'倡议在中东的推进，有利于该地区国家的经济恢复和发展，而经济发展是这些国家和地区最终实现和平稳定的根本保证。"

中国外文局当代中国与世界研究院（原对外传播研究中心）联合知名调查机构2014年在京发布的《中国国家形象全球调查报告》中，仅有6%的海外受众表示听说过"一带一路"倡议；而到2017年，这一比例已增长至18%。在印度尼西亚、印度等沿线国家，"一带一路"的认知度甚至达到40%及以上。在对"一带一路"倡议有所了解的人群中，过半数（53%）的海外受众认可倡议对地区和全球经济具有积极意义，这一比例在发展中国家平均达到62%，在发达国家也有平均45%的认可度。"一带一路"倡议提出五年来，从愿景变成行动，实际成果超出预期。国际舆论的关注度日益提高，认可度不断增强。

调查数据也显示，随着"一带一路"建设的不断推进，中国作为全球性负责任大国的形象逐步树立，得到越来越多国际受众的认可。

美国皮尤中心发布的政府形象报告显示，中国的正面形象愈发深入人心。

勾勒多边主义的长远蓝图

1. 正确理解"一带一路",坚持共商共建共享

五年来,"一带一路"倡议从理念到行动,国际合作遍地开花,取得了令人瞩目的成就。随着"一带一路"倡议不断推进,世界各国共同繁荣发展的未来蓝图也越发清晰。

"一带一路"是要建立一个政治互信、经济融合、文化包容的利益共同体、命运共同体和责任共同体,包括欧亚大陆在内的世界各国。这个全球治理目标的实现,依托于区域治理。"一带一路"正是在区域角度上,在世界展开了普遍合作,规避了全球治理在全球层面的空洞治理,而是把它变成了一种具体的、看得见的区域治理。比如,"一带一路"与上海合作组织发展的规划紧密相关,与哈萨克斯坦、俄罗、乌兹别克等国也有密切联系。"一带一路"、上合组织及其成员国,这三者之间的紧密结合,就是一个区域治理与全球治理的典范。

只有各个沿路国家和经济体相互包容、以更开放的姿态实施合作协议,才能真正促进彼此的经济发展。推进共建"一带一路",有利于促进世界经济增长。"一带一路"倡议以开放为导向,坚持共商共建共享的理念,促进削减壁

垒、扩大开放政策，打通国际经贸血脉，推动各国发挥各自优势，互通有无，促进"一带一路"国家与地区的经济发展，提高当地人民生活水平。

提升多边和双边开放水平，创造有利于开放发展的环境，促进要素的流通，实现资源的高效配置，为经济全球化注入新活力。推进共建"一带一路"，有利于完善世界经济体系。中国将坚持推动共建"一带一路"，引领"一带一路"沿线国家和地区走上"包容普惠、互利共赢"的人间正道，形成经济联动融通，携手应对全人类共同面临的风险和挑战。"一带一路"国家与地区的经济发展将提升其积极参与全球经济竞争的能力，打破既有的经济体系格局，减少全球发展不平衡，为全球经济的再平衡提供新的机遇和可能，使建设成果更多、更公平地惠及各个国家和地区的人民。

中国将坚持引领、推动共建"一带一路"，建立公正、合理的国际经贸规则体系，促进世界经济体系与全球发展模式的完善，推进经济全球化健康、可持续发展。

2. 推动构建人类命运共同体，完善全球治理体系

中国既是陆地大国也是海洋大国。"一带一路"实际就是将开放的海洋体系同相对封闭的大陆体系进行整合的一种尝试，既发挥传统陆上文明优势，又推动海洋文明发展，树立中国陆海兼备的大国形象。

"一带一路"倡议提出之初，习近平主席就反复强调，中国愿加强在"一带一路"框架内的国际合作，实现同相关国家互利共赢。事实证明，"一带一路"是中国为世界提供的一项充满东方智慧的"中国方案"。当今世界，是和谐包容的，应该允许有多种发展模式和战略，有多种经济制度和发展道路。但这都不冲突和矛盾，各国完全可以求同存异，按照适合自己的战略和制度架构进行经济发展。"一带一路"是一个开放包容的合作平台，也是对西方现实主义"零和博弈"国际关系理论的突破和创新。

五年来，在人类命运共同体理念的引领下，"一带一路"坚持相互尊重，对话协商，努力扩大共同利益，实现共同发展、共同繁荣。2018年11月，在首届中国国际进口博览会开幕式上，中国国家主席习近平向世界做出了承诺：

"中国推动构建人类命运共同体的脚步不会停滞!""一带一路"将会更好地作为人类命运共同体的伟大实践,在全球各国人民的共同努力下营造更美好的世界。在顺应全球治理体系和国际秩序变革的内在要求下,"一带一路"彰显出同舟共济、权责共担的命运共同体意识,为完善全球治理体系变革提供了新思路、新方案。

坚持推进"一带一路"建设,为全球治理注入新动力,促进全球治理模式的发展与完善。"一带一路"绝非中国之私产,它是全球化、区域化的国际合作和国家治理的新指南。我们希望通过"一带一路"倡议,各国共同掌握世界命运,共同书写国际规则,共同治理全球事务,共同分享发展成果。

"一带一路"这五年的故事丛书编委会

主　　编：刘　伟
主　　任：王利明　裘国根　刘元春　庄毓敏
执行主编：王　文
编　　委：周洛华　董希淼　胡海滨　贾晋京　杨清清　庄雪娇
本册执笔人：刘　典

图书在版编目（CIP）数据

政策沟通：国际合作引擎 / 刘伟主编 . — 北京：外文出版社，2019.3
（"一带一路"这五年的故事）
ISBN 978-7-119-11820-8
I. ①政… II. ①刘… III. ①"一带一路" – 国际合作 – 研究
IV. ① F125
中国版本图书馆 CIP 数据核字 (2019) 第 043000 号

出版策划：胡开敏
执行主编：王　文
特约编辑：胡海滨
责任编辑：熊冰頔
装帧设计：北京大盟文化艺术有限公司
内文排版：北京维诺传媒文化有限公司
印刷监制：章云天

政策沟通：国际合作引擎

刘　伟　主编

© 2019 外文出版社有限责任公司
出 版 人：徐　步
出版发行：外文出版社有限责任公司
地　　址：中国北京西城区百万庄大街 24 号　邮政编码：100037
网　　址：http://www.flp.com.cn　电子邮箱：flp@cipg.org.cn
电　　话：008610-68320579（总编室）
　　　　　008610-68327750（版权部）
　　　　　008610-68995852（发行部）
　　　　　008610-68996064（编辑部）
印　　刷：北京飞达印刷有限责任公司
经　　销：新华书店 / 外文书店
开　　本：880mm×1230mm 1/32
字　　数：17 千字
版　　次：2019 年 4 月第 1 版第 1 次印刷
书　　号：ISBN 978-7-119-11820-8
定　　价：28.00 元

版权所有　侵权必究　如有印装问题本社负责调换（电话：68996172）